그림자

정영조 시집

프롤로그

내가 지난달에 만 75세를 넘어섰다. 요즘 사람은 오래 산다. 75세 나이는 경험과 경륜을 참작하면 인생의 절정이며, 75세가 지나면 내리막이다. 이 분기점에 그간 써온 詩를 정리하고 詩集을 내서 가까운 친구와 후배들에게 전하고 싶었다.

내 시가 의미가 있든 없든, 詩心을 발견하든 못하든 읽어 줄 것이라 믿는다. 그만큼 그들과 접촉의 시간이 길었기 때문에 시집을 받아보는 사람들을 믿어보는 것이다.

정신과 의사로서 진료도 하고, 교수 생활 오래하면서 제자를 가르치기도 하고, 의과대학 동기들과 오랜 세월 시간을 보내기도 했다. 왜 그리 쓸데없는 말을 많이 하고 살았는지 후회스럽기도 해서, 그래서 말 대신 감정을 詩로 써 보았다.

요즘은 강화도에서 몇 년간 요양병원 어르신들 진료를 하면서 아직도 바쁜 시간을 보낸다. 그 와중에 틈틈이 써둔 글을 묶어 보았다. 읽어 보는 사람들이 무어라 할까 내 뒤통수가 간지럽다. 그러나 무어라하는 것은 그들의 몫이다.

시를 쓰도록 대화한 나의 환자들, 내가 매력을 느낀 사람과 사건들, 내게 즐거운 시의 소재를 제공한 대자연들께 감사할 뿐이다. 건강해지기 위해서 詩를 써 본 것이다.

2019. 10. 중순

목차

그림자

목차

그림자

뭉크 생각

노르웨이 화가 뭉크가 생각난다.
강렬한 색채와 상징적 기법
내면의 불안, 질병, 이별을
어찌 승화시켰던가요?

용솟음쳐 나오는 힘을
멜랑콜리한 시선으로 어찌 어루만졌던가요?
우울은 카타르시스로 구원을 얻고,
당신을 스스로 그려서 깊은 속내를
고백하고 싶었던가요?

뚫어질 듯 바라보는 視線은
할 말은 안 하고, 굳게 다문 입술이,
무표정한 얼굴이, 왜 그리 차가운가요?
여자가 그리도 싫었던가요?
여자가 그리도 믿을 수 없던가요?
뭉크가 monk인가요?

무성생식이 창조물을 그리도 무수히 남겼나요?
그리도 금욕이 좋았나요?
마돈나 콤플렉스
내 그림이 내 일기요,
내 삶과의 투쟁에서 나는 승리하였다
"승리하였다" 하였던가요?
나는 당신 생각에 가슴이 저미네요.

외딴집

눈 내린 산골짝 외딴집
잔설을 울타리 삼아
죄수처럼 앉아 있는 겨울 산
그 연봉을 飛步하는 건각들
몇 마리 짐승들이다.

산속 폐가에 독거하는 노인,
자신의 숨소리마저 통제하고
그림 한 점 걸리지 않은 방에서
전방 주시의 자세로 웅크리며
겨울 산 雪峰을 향해
한숨을 내쉬고 있다, 푸-

세상사를 개탄하는 김관식의 詩를 吐하는 듯
북받치는 세상사 분노와 신음이
굵은 눈방울을 만들어 주르르 흐르는 뺨
턱을 몇 차례 들먹인 다음이다.

인간의 얼굴이 저토록 협곡인 것을
그 노인은 숨 끊어질 때까지
침식된 바위를 긁어내리라
그 노인의 외딴집 주위에 쌓인 눈 위로
아무런 발자국을 찾을 수 없네.

장미를 위하여

눈만 쌓인 절 뒤뜰
어둔 산그늘 다시 짙게 드리워지는
저녁 해 떨어진 시각쯤이었을까,
딱종이 빛 묵묵히 밝아오는 未明이었을까
엄동 한철 내내
내리는 대로 쌓여 언 눈 속에서
새빨게 피어나는
장미 봉오리

아홉겹 산 돌아간 뒤
이국에서 온 흰머리 여자에게
바르게, 힘써 나아가라 말한 꿈
푸른 눈동자에 비친
저승 건너온 法門

눈송이 멎어 차갑게 빛나고
꽃봉오리 피어나는 장미
깊고 적막한 산속에 숨은 이 풍경이
세상 뒤집는 바람결에 퍼붓는 눈 소식
나의 話頭
장미여
꽃이여
첩첩 산봉우리 보며
눈밭에서 피어오른 불꽃의 소리를 듣는다

가을 채비

다만
곱고
아름다운 것만을
노래하며
행복해야 할 일이다

지나간 일이 들추어지는 건
견딜 수 없는 고문
손쓸 수 없는 압통(壓痛)

철 지난 바닷가에는
불을 찾아 헤메다 죽어간 나방들
묶은 책갈피에는 행운의 마른 네잎클로버

이슬이 내리는 밤
이슬 털고 날아오르는
나비의 꿈

이제 책장 유리문을 열어
오래된 책을 고르는
손끝이 되자

點

모과마다 黑點에서
누에똥 분말이 흘러내린다.
무엇이 들어 속을 傷하게 했는지 질문한다.

옹이가 박힌 것은 貴했다.
그런 희귀종은 향기가 각별했다.
옻칠한 물푸레 함지박에 담긴 것은
응달진 대청 안쪽 환히 밝히는
靜物이었다. 한 光源이었었다. 옆에
갈대꽃 서너 줄기 놓으면
우러나는 달빛, 물망초꽃 눈뜨게 하는 청명한 밤
古典衣裳의 거문고 소리,
영혼이라는 것의 아름다운 선율을
듣게 했었다.

무슨 모진 바람이 불어
어둠의 猛毒의 씨앗을 뿌렸나
우주의 가을에 분다는
肅殺의 바람이 불고 있는가.
이 轉落의 뒤안길 고샅에 서 있는 자는
어떤 자인가.

상처 난 피부는 심각하게 손상되고 있고
햇빛을 감촉하는 神經網은 다발째 무너졌다.
달빛을 노래로 바꾸는 내분비액의 활성화 지수는
치환이나 대체를 전혀 不要한다.

사람들은 자신의 일이 아니므로 놀라지도 않는다.
未久에 닥칠 나의 일을 애써 유기한다.
나의 無知는 나를 칠흑의 감옥에 가두어
가위 눌린 듯 땀 흘리게 한다.

예언자나 선각자를 지망한 것도 아닌데 이렇게
넓은 생각을 한다는 것이 이상하다.
재주가 있어서 이런 기특한 생각을 한 게 아니다.
어둡기가 모과의 저 옹이같이 누구보다 깜깜한
衆生이라서 세상을 걱정하는 흐름이 사람을 찾다가
다급한 나머지 나를 일깨운 게 아닌가 하는
그런 妄想.

모과가 매개물이 되어 내게
달빛과 햇살이 비쳤다. 비명도 못지르는 모과마저
詩의 재료가 되는데 나는 효과를 기대할 수 없는
엉터리 생각만 한다.
그럼에도 나는 모과에게 '안녕 안녕'이란
말을 하지만, 대답이 없다.

나의 여호와 하나님과 대화

여호와가 날 부르네.
기도하면서 살라고 말하시네.
기도하면 평온이 오네.
기도하면 우울함이 사라지네.
기도하면 희망이 훤하게 보이네.
이러한즉 매일 기도하며 살겠다고 나도 말했네.

여호와가 날 보시네.
보시더니 이웃을 도우라 하시네.
죄지은 자를 용서하라 하시네.
없는 자를 사랑하라 하시네.
이웃은 사랑할 수 있으나
죄진 자를 용서하기 힘들어서
많은 시간이 필요하다 말했네.

그림자

여호와가 날 재차 부르시네.
교만하면 안 된다 하시네.
겸손하라고 하시네.
가난한 자를 도와주라 하시네.
정직하게 행하며 공의를 일삼으라 하시네.
자만은 이미 발바닥에 내려놓고 사는데,
나를 속이는 자는 싫다고 나도 그만 말해 버렸네

여호와께서 내 앞에 나타나셨네.
네 맘의 소원대로 허락하신다네.
너의 승리의 개가를 부르게 하신다네.

나에게 지극한 福을 주신다네.
나는 내가 복 받는 것보다
나의 손녀가, 내 손주가
복 받기를 원한다 말했네.

내가 믿습니다!

열매

은행 열매가 익어 가고 있다
견과를 싸는 보호액도 순도를 높혀 가고 있다

은행알을 구워본 적 있는교?
잘 구워진 은행알을 먹어본 적 있는교?
은행알이 그렇게 구워지려면 먼저
강렬한 자기애의 흔적이 제거되었었다

나는 그 냄새가 그리워
선들 바람에 미동하는
宮들을 올려다보고 있다

저절로 떨어지면 양수는 흙으로 흘러
어느 봄엔 싹도 틔우겠지
원잎을 펴서 원줄기도 만들어 가겠지
가멸차게 으깨지지 않는다면……

저절로 저절로 숲을 이루어
장대한 사계를 이루어 낸다면,
서리 반짝이는 찬 가을날을 맞는다면
빛나는 순금 잎새들 아래
열매들은 노도를 품앗이 하며
숨결 고운 잠에 싸여 가겠지

영영세세토록 살 수 없는 한 번의 삶
나는 나이어야 하고
나의 삶을 살아야 한다
그러므로 내 몸에 영양분을 분무질하여
지켜야 하는 것

돌밭 걸으며

끝과 모서리와 각이
나를 살려 내고 있다

끝에서 걸으며
큰 支柱인 우람한 기둥
귀퉁이에 서서
중심에서 밀려나 있게 하고

각이 져서
모가 서도록 하라.

나 어느 날
나비의 몸짓을 하게 되더라도
쥐뿔 닮은 저 돌부리에
나의 이마 가운데를
찧게 하라.

뾰족한 데서 떨어져
으깨진 몸으로
빽빽한 데로
비집고 들어가나니

먹장구름도 지나서

– 눈이 올라나 비가 올라나 억수장마가 질라나
고려산 검은 구름이 막 모여든다

비를 몰아오려면
'마루'를 불려야겠지

비탄에 젖어야
진흙 바닥에 고여진 턱을 세워야
하늘 가장자리가 보이겠지
푸른 언덕 위로 머리 푼 바람이 되겠지.
숨이 놓이는 노래
길게 길게 부를 수 있겠지

내가, 하점, 송해, 강화읍
진달래꽃 같은 이름들 위로
그대 길 물으며 나아갈 때

그대의 시야를 가리며 발길을 묶던
철쭉, 먹안개, 재를 오르는 바퀴들 더듬거리고

계곡 아래 뒤집혀진 거북, 얼핏설핏
보이고, 유리창에 혀를 뗄 줄 모르던 습기,
진땀 배이는 시간

미꾸리의 삶을 마무리하기 위해선
마루를 불러야 하고
마루와 함께 춤추어야 한다
늑대와 함께 춤을 추듯이
흉몽처럼 파도와 함께 만월이 출렁이듯

거친 비로, 산고의 고통으로 몸부림치며
구름 사이로 연개소문이 고인돌 향해 출생을 신고했다지
다시 바다로 돌아가는 황톳물, 마루를
불러야겠지

가족들과 나

딸은 인테리어 근사한 곳에 가서 식사해요
나는 안 돼요
허름하지만 맛 좋고 양 많이 주는 음식점 갑시다

여보는 이태리 식당에 가서 식사해요
나는 안 돼요
김치찌개를 먹어야 소화가 잘 돼요

사위는 치킨집 가서 식사해요
나는 안 돼요
국물이 있어야 밥 먹은 것 같아요

내 아들은 갈비집 가서 식사해요
나는 안 돼요
값비싼 고기 음식보다 값싼 야채 음식이
위와 대장을 편하게 해요

의정부 찌개나 설농탕집 갑시다
갑자기 비둘기들이 우리 집
베란다로 날아들어 둥지를 튼다
내 가족들과 나는 비둘기들을 보면서 그렇게 살아갑니다

어머니, 제 소리가 들리나요?

당신 마음속에는 무엇이 들어 있어서
불평을 하지 못하고,
자식 탓을 하지 못하고,
바다이고, 생명인가요?

당신 마음속에는 무엇이 들어 있어서
내 새끼를 포기 못하고,
꼭 끌어안어 다시 품으려는 어미 새의 속내인가요?
음영 짙어, 같이 진흙으로 돌아가고플
자식인가요?

당신 마음 오죽했으랴?
허고 많은 날 안절부절 자식 걱정에 조바심치고,
흐느껴 울다가 소스라치듯 박수치고,
언제나 따뜻한 뭍.

新生으로가는 통일路 길목에
예술인 마을 어귀에서
어느 날 오후, 무덤 앞에 白菊화한 드리우고
속내를 그리는 풍경을 만납니다.

저 꽃은 왜 필까?
당신과 제게 묻다가
피고 싶어 피는 게 아니고 피고 싶은 마음 때문에 핀다.
좌절과 포기를 꺾고, 삼 형제의 밑거름으로
아름다워지겠다는 꿈같고 넋두리 같은 소리로
한평생을 살아온 어머니께
제 소리가 들리나요? 묻고 있다.

빛과 소리들

아무리 화사한 꽃잎이라 해도
지척 사방을 모르게 쏟아져 흩날린다면
환호는커녕 비명도 차마 지르지 못할 것이다.

아무리 좋은 것이라 해도
상대가 성가시도록 원한다면
권유는 구걸하는 자의 비굴함으로 바뀌어 버린다.

화사한 것도 좋은 것도 아닌 것을
상대의 뒤를 쫓으며 귀에 대고 외친다면
세상 홀로 걸으려 하여 義로움 세우려는 자들은
공동묘지로 나가서 쓰러져 흐느껴야 할까.
통곡보다 어두운 신음을 내야 할 것이다.

똑같은 키의 해바라기도 옆의 그늘이 될 수 없다.
인간이 투사하여 반사된 기형이
인간을, 뭇 존재를 심판할 수 있는가?
빛에서 와서 빛으로 始原으로 향하지 않는 것 어디에 있는가?

빛은 이네 自由하여, 무한히 대자연을 추구하게 할지언정,
진부한 목소리로 세상 끌고 흔드는 것을,
無禮와 無理를 허용치 않는다.
모든 강퍅하고 사나운 소리들은 빛을 가리는 黑幕이다.

빛은 머리로 헤아릴 수 없는 부드러움이다.
흑막 속에 웅크린 소리들을 허용치 않는다.
시든 꽃 위에도 다함 없는 빛 있으라.

미명(未明) 속에서

외로워할 것도 없다
쓸쓸해할 일도 없다
내 앞에 절대 의지가 있다
자신을 서글퍼할 이유가 없다
동조를 바랄 희망이 내겐 없다
애착하고 갈등하게 하는
저쪽 그 너머의 힘은
이루어질 것 이루어지게 하고
쓰러져 갈 것 쓰러지게 할 것임은
숨쉬기를 하는 것보다
너무나 자명한 사실(事實)

언어의 벽이 무너지므로
나는 달빛을 쪼러
날아오르는 새가 된다
여린 빛이 이슬로 고이는 것을 믿으므로

나는 아름다운 꽃으로 피어나며
새로 태어나는 세계(世界)의
고요한 교향악을 듣고 있다.

무너지고 또 허물어지며
억겁을 쓰러지는 파도 위에서
내가 이루려는 것이
불망(不忘)의 빗돌로 일어서는 것을 나는
보고 있다.

절대 앞에 이제야 옷을 벗는다
목과 손목과 발목을 조이던
장식을 풀어 놓는다
새벽 첫차가 떠나고 있다.

가을로

비추(悲秋)가 고향인가.
불길이 일던
들판을 지나왔다.
연보라 얼굴로 별을 기다리는 구절초
피어 있던 오오래전의 그 산
그 발치 그 들머리에
나도 서서
듣는다.

존재의 가을로 떠나는
풀벌레 울음소리,
명목(瞑目)하고 듣는다.

나 혼자 듣는 것이 아니다.
강물 위에 등(燈)인 듯 많은 얼굴들이
떠올랐다 사라진다.
일순(一瞬) 없어진다, 없음 속으로.

그대 혼자 걸어온 것이 아니다.
내가 무언가를 위해 역병을 치르며 오는 동안
더러 염도 높은 누액을 내게 주었고
때론 내성 깊은 균이 풀 속에서 뛰쳐나와
내게 불과 꿈을 쥐어 주었다.
이제 가느니
비추(悲秋)가 고향인가.
가슴에 각인(刻印)되는 풀벌레 소리,
그러나 떠나지 않고 바라보는
얼굴이 있다.
존재(存在)의 치료를 읽는 눈.

풀

艸
초
풀만큼 잡다한 소리들에 대해
깊이 반응하고
가청권(可聽圈) 밖으로까지
높게 솟구치는 것이
어디에
또 있을까

艸
초

햇발에 무질러져 녹아내리고
굵은 빗방울에 분연히 일어서며
두엄밭으로 말없이 스며들다가
귀를 열어
아득히 귀를 열어
푸른 척추뼈를 세우는
풀의 호흡을 배우고 있다.
또 다른 풀잎
그 생명력을
내가 익힌다

풀꽃과 함께

어찌 화산이 속이 되지 않을 수 있으랴
어찌 침묵으로 불길 키우지 않을 수 있는가.
나는 때 없이 떠나고 순간순간 돌아온다.
아, 우주의 가을
풀꽃과 깊디깊은 눈인사를 나누는 산기슭에서
검의 등날을 어루만지는 한 소요객을 보았다.
아, 하늘 푸르고 푸르고
날을 더해 수척해 가는
가을의 산이여.
사랑을 열어 보이는 풀꽃의 정화(精華)여
저들을 용서하지 않아야 하는 나를,
나의 미래를 미소 지어다오.

나뭇잎

여리디 여리다
연하고 순하다
나무의 맨 끝 나뭇잎은
사계(四季)와 무관하게 생동하고 있다
그것은 언제나 고운 불이다

천 층
만 층
구만 층,
단 한 잎 외에는
경직, 퇴행 그리고 죽음

거칠어짐, 굳어짐, 두터워짐, 무거워짐, 무디어짐,
짐의 중량에 나뭇잎들이 부단히 신음하고 있다
윤기를 잃어 가는 사막에 재상의 그림자가 지나간다

최정상의, 하늘 아래 첫 잎은
가장 어여쁜 나뭇잎은
그대의 심장 속에 숨는다

탄금

바다가 나뉘어져
갯펄길이 열리듯
한밤중에 갑자기 쏟아져 내리는 비
귀가 한순간에 큰 부챗살처럼 펴진다
비로소 귓바퀴에 와닿는 물방울의 차가움
비로소 살갗에 와닿는 바람의 서늘함
대탄금(大彈琴)의 소리에 나는 살아난다

나에게 열려지는 미소도
이렇게 와서 크게
꽃 피우면 좋겠다-

질주

그는
약진하고 도약하고 질주한다.
바람이고 늑대이다.
추격이고 탈출이다.
공포이고 고요이다.

그는
오늘 아침 내내 내 속에서
달리고만 있다.

한 사람이
감옥에서 탈옥했다는 뉴우스

그만 잡혀 버렸으면
그만, 숲속에 숨었다가 자수를 하면
국민 여러분께 죄송하다는 한 마디만
남기고 철창 안으로 사라져 가는
뒷모습만 보인다면

아니다. 그는 신이 나서 또 신을 내서
개들의 저수지를 건너뛰어 늪지의
갈대밭 속에 파묻혔다
꽃처럼 솟아올라 또 다른 장애물을
향해 돌진을 거듭하며 날고
또 날아서 결승선을 돌파하기 위해서
질주를 하고 있는지도
모른다.

감옥의 높은 담장을 넘어서
또 다른 장벽을 투과하고 있는지도
모른다.

깜방으로 다시 끌려가든
연꽃 위에 앉든

부디 잘 가라.
빙그레 웃는 미소를 띤 눈빛을 짓다가
그만 폭소를 터뜨리자.

느티나무 길을 꿈꾸며

천산(天山) 위를 거니는 듯 자중하고
해저(海底)에 엎드린 듯 겸손하라

나아갈 수도 없고
이제껏 걸어 온 길마저
지워져 보이지 않더라도

버려진 헌옷같이 누워
등짝에 욕창이 번지는지
아련히 쓰려 오더라도

석양(夕陽)의 잔광(殘光)이 유리창을 깨뜨리며
아픈 동공(瞳孔)을 헤집고
느티 잎 그늘이 붕산수인 듯
상처 난 피부를 차갑게 덮어 오더라도

자정(自淨)하라
머리카락 움켜쥐어져
바닥에 닿은 지 오래,

사랑을 얻더라도
또한 잃더라도
자긍(自肯)하라
자중(自重)하라

꽃

시(詩)를 쓰기 좋은
재료로는
꽃이 좋으리

소리 없이 우는
소리 없이 웃는

표정들
따라가면
바다 있고
바다가 좋음에 느껴워하며 걷는
들 있고
들길 끝에 산 서고
산 들 사이
바람 질주하네.

혼자 있고 싶을 때
꽃을 들여다 보자.
피곤하면 향기에 취하자.

구름 향기

비를 기다렸으나 비가 오지 않는다.
불가항력을 느낀다. 하늘의 밖
한 우주 밖에서 할 수 있는 건
잘 견뎌 내는 일.
어제의 메모 수첩을 다시 보며
내가 뻗혀 보낸 나의 꿈이
허물어져야 할 낮은 것이 아니고
사소한 것이 아니고
소극(笑劇)으로 꾸민 한때의 유희가
아니라는 것을 확인하는 것.

나의 넋은 더러 형상 없는 구름이 되어
쉬 쉬어 버릴 것이 아니라는 것.
샛바람과 함께 이는 나의 희망이
힘센 자석이 된다면
비는 내릴 것.

한 우주의 바깥에서
꽃향기를 느낀다.
좋게 좋게 견디라고.

아침 걷기

너 뭐하고 있니?

속이 다
후련해지고
정말 안팎이 개운해져서
더 가볍게 걷기 위해서

햇순이 푸르러지는 나무와 손잡고
총명한 꽃들과 나란히
단발머리 나풀대는 바람들 앞세워
걸어서 가고 있다
네가 놀라워하며 보고 있는 그대로
한 걸음씩 떼어 놓는다

바람결에 발 실려
떠가지 않으려

걸어서 하늘까지
노랫말만 되새기고
이른 햇살을 가르며
오늘 아침도 강가를 걷는다

새

강물은 단 한 마디를 말하기 위해
천언만사를 풀어내며
흐르고 있다

하 많은 뒤척임 속에서
한 마디 말을 건져 올린 것은
어두워 오는 강을 건너는 은빛의 새

풍요로움으로 빛나던 땅에서
아름다움으로 풍요로운 숲으로
그어지는 은빛 실선(實線)

가없는 강물의 말을 알아들었다고
깃털 하나 고요히 떨구며
나는 새의 궤적

존재의 꼭지점의 첫 샘은 너무나 선명한데
은빛의 새는 환상이었을까
깃털은 빛의 그림자였을까

강물이 다시 바다가 된다
사람의 형체가 서서 걷는다
새는 미소 짓는 이의 어깨 위에 안착한다

조건

바람의 바다
바다의 바람

바람 속에서
바다 위에서

꺾여지고 있다
부서지고 있다

절대(絕對)가
엎드려 절하는 등 위로
무너져 내린다
절대(絕對) 의지(意志)가
엎드려 절하는 이마를
밀어올린다

땀에 젖은 두 손이
앞가슴에 모아질 때까지
지켜보는 눈의 밝음을 느끼고 있다

별

찬 이슬에 시든 풀꽃으로
별을 보여 줄 수는 없다
서리에 무르는 나뭇잎으로
은하를 적시는 노래를
들려 줄 수는 없다

구름 속의 원석(原石)을 찾는
바람은
하늘에서만 불고 있다

아,
저렇게
별이 빛난다

안개

언제 왔는지도 모르게 와서
어느 때 떠나는지도 알아차리지 못하게
사라지고 있는 비정(非精)

참나리 꽃술 아래
깊은 한숨도
가시나무새가 울고 간
끝의 자리도
쓰다듬어 주고

흔적이 없어졌다.
꺾여지는 골목 안쪽 모서리이듯
종적이 지워져 버렸다.

내 마음의 시선은
아직 그의 뒷자락을 따르고 있는데
그의 손가락들을 떨림으로 차게 한
안타까움은, 나의 가슴을
메아리가 싹트는 동토(凍土)의 보리밭을
만들고 있다.

만지면 없어지는
의미의 세계로
서두르지 않고 성큼 성큼
걸어 들어가고 있다.

해가 뜬다.
그이를 만나러 사라졌나?
다음날 보겠다고 사라졌나?
춘천댐 흐른 물과 소양강의 해후를
축하하러 떠났나?

폭풍의 날에

나무 끝 저 한 잎,
물방울 하나도 꿰뚫지 못하는
저 여린 것이
피뢰침이 되어 왔다는 것

무구한 자의 눈물이
타오르는 흙덩이를
식혀 왔다는 것

그렇지 않은가요?
크게 깨달음을 터득했다면
폭풍의 날에 기억해야 할 것은?
내 그림자 속에 있는 나를 깨닫자.

꽃을 위해

원추리
옥잠화
산나리

고운 선
얼굴 아래
엷은 그늘

눈시울 밑
머무는
구름

구름
열어 보면
얼어 있는
불의 꿈

아름다운 넋
봄날을 거닐며
하늬바람 일으켜라

성긴
빗방울

바다를 향해

대담하고 싶어도
대담해질 수 없고
소심할래야 소심해질 수 없는

바다를 앞둔
절벽 위

금방 누가 떠밀 것만 같아도
금방 무엇이 덮쳐 올 것만 같아도
나아가지 못하고
물러서지 못하는

경계선에 서야만

심금(心琴)을 울릴
연가(戀歌)를 부를 수 있는가

바다여

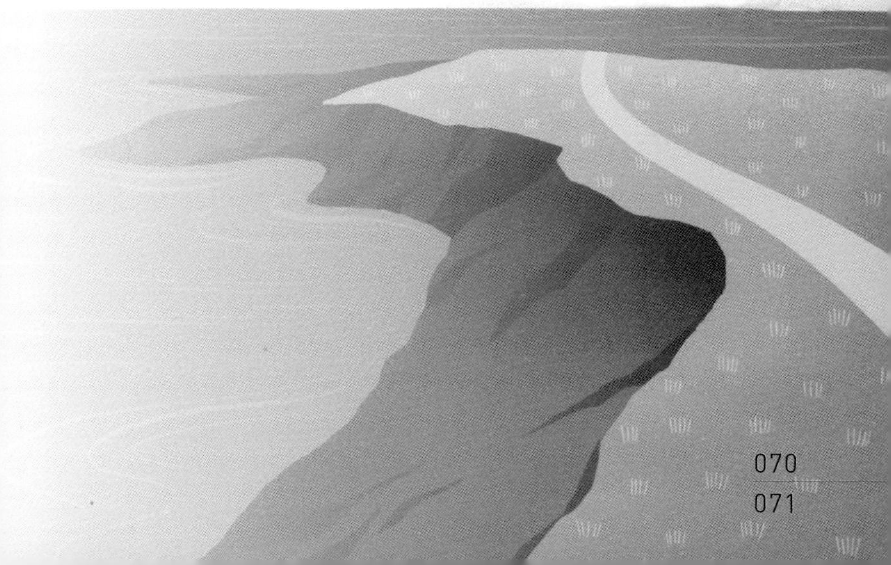

어느 봄날

빗방울 머금어 바람 부는
봄날 새벽
그대 눈 떠서,
섬돌 위에 발 디딜 때
새로 핀 벚꽃 잎
몽땅 떨어져 흩날리거든
내 생각하세요

옷섶 흐트러진 맨가슴 위에
어느새 벚꽃 잎 날리거든
잊은 봄을 생각하세요.

화심(花心)

처음 사랑의
그 소녀(少女)를
보는 것만큼

아련히 밝아 오는,
갓 낳은 달걀빛
저 화심(花心)

청랭의 수면 위로
녹색 잎을 펴 가며
흔들리지 않는
찻잔이 되는 일,
거기서, 은빛 쇠조각들을 오려
조릿대 잎 모양의 꽃잎을
내는 일 -
여기까지는 누구나 할 수 있는

공작(工作)이라면

찻잔에 미소를 담아
나를 부르고
내가 다가가게 하는
소리로 바꾸는 것은
힘겨운 역정(歷程)일 것

나는 비 내리는 연못가에서
물에 젖어 빛나는 초록과 분홍빛
들꽃을 바라보고 있다.

교향악을 듣는다

구름 한 점 없는 하늘을 보고 있다
일찍이 한 번도 본 적이 없는 하늘을 보고 있다
누군가가, '한 번도 본 적이 없는 하늘을 보고 있다'는
놀라움으로 볼 것만 같은 가을을 보고 있다

하늘이 '큰' 것은
자신을 오래 올려다보게 하다가 종내는
'누구 없을까'에서 출발, '아!'와 함께
'그 얼굴' 티 하나 없이 나타나게 하는
힘이 있음. 어둡고 깊고 서늘하고 긴
고대 건축물의 회랑에서
좌우를 둘러보게 하는 가을, 하늘
그리하여
햇빛과 바람과 풀잎이 교향악을 춤추는
들판을 달리게 한다. 두 팔로 힘껏
하늘을 노 저어 달리게 한다

꽃에게 묻는다

애절한 순간들은 보는 자가
애써 건져 올린 것

안식의 허망함은
물 위에 엎드려 떠도는 자가
남은 자에게 주는
마지막 선물

'관망(觀望)'과 '사투(死鬪)', 이 둘은
아예 무관(無關)했다

외면과 호고 사이를
절대 불가분(不可分) 상태로
매운 건
뉴올리온즈의 물

세상에, 따로 단절된 것이 있는가

세계(世界)

걷고 싶은 맨발 공원에서 바라보는
오늘의 세계,
연일 내리는 장맛비로
몸과 마음이 다 눅눅하시겠습니다.
그래도 아침입니다.
행복한 아침을 여는 이 프로그램의
오늘의 주제는
웰빙, 웰빙, 과연
웨엘 비잉은 무엇이고
무엇을 목표로 하고 있고
진정 누구를 위한 것인지,
맑은 휴식, '밤하늘의 트럼펫'을 들으며
조용히 하루를 마무리해 가는 잠자리,
굿 이브닝으로 가고 있는지,
실상과 전망을
조망이 아닌 비전을

드러내 밝히고 제시하고자 합니다.

아, 아, 루, 루, 루, 특파원,

호우가 쏟아지고 있다고요?

시, 시, 시원 하다고요?

죄, 죄, 죄송합니다.

미, 미, 미-- 특파원 나오십시오.

신냉이 꽃피다

'봄 상추 가을 신냉이'

침이 고이는 살아 있는 말
변함 없어야 하는 금언(金言)

메주 된장과 무쳐졌던
신냉이 나물

어머니 손길은
하늘 가신 지 여러 해

어머니 손끝은
혀끝에서 살아난다.

앙증맞은 은행알 송이를
고개 젖혀 올려 보는

나의 눈보다
깊은 눈
머뭇거리지 않고 부어 주고
채워 주는 직정(直情)이라서

신냉이 꽃은
뼈가 살을 저미는 노구(老軀)에도
환한 웃음 짓고
나에게 오시는 모습
그대로네

장마는 멎고

하아트 문양을 완벽하게 그리는
고구마 이파리
이즈음 선풍을 일으키는 노래를
참 야무지게 부르고 있다.

'이엔지'가 아니고 '~봐'
'~했었던가 봐'
훗날 돌이켜졌을 때 그 순간들이
'위대한 일출들의 진행'으로서 일깨워짐,
고통스러웠으나 다시 '짜랑'보다 아름다운
것으로의 환생, …… 엔딩 없는 영상의
이어짐……

뒤를 돌아볼 수 있게 하는
시간들이어야 한다

마대를 거침없이 뚫고 나오는
새싹들에게 나는 환호한다

여행가고 싶은 날

장마 그치면 여행 가요
그래 그래
더운 빗줄기와 불볕 사이에
한터가 없었다

여보, 너무 더워요, 어디 가요
아아냐, 그게 아냐
벙어리 시늉 안 되는 속에서
일어나는 뜻 모를 안타까움,
불씨는 가까이 갈 수 없고
너울만 누구에게 달려가는지
아, 파천황!

비가 올라나 눈이 올라나
낮에는 비가 오고 밤에는 눈이 왔지
동면하고서는 아우라지에 갈 수가 없어.
그런 말이 어딨어요
꿈을 꾸면 다 그렇게 되지

우리 여보는 꿈속에서 여행을 떠났다
나는 그만 제 선 자리에서 불만 만난다

가을이 오기 전에,
이른 아침
새 그물처럼 드리워 만지던 매미 울음도 걷힌
희부연 오솔길을 따라
보라 하양 맑게 큼지막하게 핀 도라지꽃 보며
숲을 걷자. 어느 먼 훗날 아니, 네가 미장부(美丈夫)로
성큼 커진 가까운 날
이 흑서와 어지러운 동영상을 마주할 수밖에 없는
우리들의 눈빛에 대해 이야기하자.

바람

바람이 있기에 살아들 가겠지.
아무 바람도 없지요라고 묻는다면
거의 다 버럭 화를 내겠지

의무로 살아간다면 고역에 가깝겠지.
권리로 살아간다는 자는 거의 없겠지
스스로에게 빚진 그 무엇 때문에
모든 의미의 합산치를 갚는 듯이?
'희망'이나 '내일'이란 플래카드를 보며
절망하지 않아야 한다는 명분 위에서

바람이 있기에 살아들 가겠지
진짜 바람을 궁금해하며
왜 사느냐고 자문하며

판도라 상자 속에는
희망이,
희망 속에는 양파가 있다
껍질들을 열어서
무(無)를 만나야 한다

무(無)를
허무를 되풀이하는 밤의 바다에
쓸어 보내지 않고
쓸 수 있다면

우레를 동반한 폭풍우도
꽃 피는 봄 새벽의 보슬비도
부를 수 있겠지

실크로드

흰머리산을 필름에 담으려면
아주 '멀리'에서
셔터를 눌러야 한다지요.

시간의 '멀리'는 세월이라 말하지요.
스무 개의 나이테를 가로지른 '세월'
한 나무에서 돋은 몇 개의 죽음과 신생
경이롭지 않은가요.

그대에게는 그 한 세월이
생(生)의 의문을 여는 헬 수 없는
의문 부호를 떠올리지 않던가요.

나는 어디서 와서
이 속앓음의 매듭을 풀어
또 어디로 돌아가는가

인연을 푸는 인연을 만난다면
의문의 아픈 마디는
가슴 설레는 선율과 함께
'나'와 함께 저 허무와 미명에서 빛나는
실크로드로 펴지고 있겠지요. 아아,
바로 지금 여기 이 자리가 출발지

한가위

이화우(梨花雨) 흩날릴 제 울며 잡고 이별한 님
추풍낙엽에 저도 날 생각하는가
천 리에 의로운 꿈만 오락가락하노라.

유성우(流星雨) 쏟아져 내리는
틈 사이 오솔길에서
나는 옛 시인(詩人)처럼 걸으며
나를 싸안고 떠날
샛바람을 나직히 부른다.

한가위 가을 초입에 뿌리는 비를 보며
봄날, 홍매화 꽃비 날리는 날의
가인(佳人)의 시(詩)를 생각한다.

무너진 세월 위에
다시 한 세월 서서
그 위에 떠 있어도
매화우 풍경은 지워지지 않으리,

님도 날 생각하는가
한가위가 내일,
비가 내린다.

회복기

잇꽃 한 톨도
나의 초점이 모아지면
존재의 시원(始源)

여뀌풀 도랑
더듬어 오를 수 있고
시냇물 따라 흐를 수 있다

하물며
나
바다로 가기를 바라거늘

파도치기를 멈추지 않으며
날마다 깊어지고 드넓어지고
펴져 가는 주름살 모아
소용돌이 탑으로 솟아오르다
주저앉듯 허물어져 내려
또 다시 꿈꾸는,
그리하여 부풀어 뒤척이는

저 바다를 호흡하라
수수 좁쌀 한 점에도
바다가 잠자고 있다 했거늘

환(幻)

염천 아래를 걷는다
내가 환(幻)으로 느껴질 때가 있다
거울과 그악스러운 욕망의 거리를 빠져나와
느티나무 그늘에서 땀을 닦으면
아무도 기억나지 않는다
깊고 고요한 밤으로의 여로에서
내가 깨어나야 한다.

산유화

낭가파르파트, 루팔 장벽, 등정
마의 산
죽음의 계곡
뒤로 하고

그들은 먼저 만세를 불렀으리
오르는 길보다 험할 수 있는
하산 길에서, 숨쉬기 대신해 허밍으로
부를 노래는

'산유화'가 어떨까
나비가 되어 먼저 떠나신 님의
쓸쓸함의 눈빛
눈(雪)길 돌부리 위에 손등잔으로 켜지고

폐를 아프게 하던
고산증(高山症), 그 토막 숨결
보리 언덕 넘는 미풍으로 바뀌어

차가운 손을 녹여 주는
튼실한 밧줄이 된다면

그 산마저
한떨기 산유화(山有化)마냥
고와질 것만 같은 마음.

아, 에베레스트

저 죽음이 아름답다

깎아지른 절벽 안쪽에 매달려
지새우는 가혹한 밤
아, 생의 극점
그날 그 밤

웅크려 앉은 캠프 속에서
거친 꿈은 이슬이 되어 증발해 가고
이루려했던 사랑도 투명해져서
어제 유충의 애벌레였던 그대는

그날 그 밤
돌아오지 않았다.
설파를 내려 보낸 마지막 선택의 그 밤

볼모로 잡혀 두었던 젊음과
하나가 되기 위해서
그대는 미련 적힌 엽서를 태우고
떠났다, 더운 이슬에 젖은 채
처음이자 마지막인 그리고 그것으로
작별의 눈빛을 대신했다

오늘 카덴자의 국토에서 보내온
그대의, 메시지에서
크고 환한 웃음을 듣는다
만년설을 털어 내는 그대의 나래를
보고 있다

온 산이 날아오르고 있다
그리하여 더욱 모나고 날이 서는
아, 에베레스트

날개

가장 빛나는 순간
가장 아름다운 순간
가장 눈부신 순간은

숙성기가 지난 다음
가슴속에서 되살아나며
확인되는 것
스쳐 지났음에도
새삼 떠오르는 것
언어로 의미를 부여하지 않아도
봉오리 속 꽃잎 열기를
멈추지 않는 것

미소,

미소 띤 눈,

바르게 떠서 바로 보기를 잠깐

반가움인 듯 놀람인 듯, 그런 마음으로

커져서 바라보는 눈동자 언저리의

밝음

젊은 군인은 이제야 돌아오고 있다

백학이 되어 우수에 젖은 날개짓을 하며

돌아오고 있다. 광장으로

그 눈을 잊지 않고

연인은 생사가 흔들리는 전장에서도

그 눈동자의 아우라에 싸여

행복했으리

무더위에 지치던 날
바위를 치는 파도 소리 들으려
백학 음반을 올리고
아름다워야 할 인연의 조건을 생각하고
존재의 함축과 당위를
만나다

죽음이라는 차가운 그림자
허전하고 추운 광장
한 무리 백학의 흐느끼는 날개.
사랑의 빛을 반사하고 있다

미소.
눈동자에 담긴 미소가
얼마나 눈부신지 아무도
알지 못한다.

오늘의 기상도

나의 손
닿을 수 없는
머언 곳으로
가 버린
그림,

선박들
묶여서
선창에 부딪칠까
출렁인다. 굵은
빗방울은 멈추지 않고
흘러내리고

뒤집혀 버리고만 싶은
작은 배들을 묶어 달래는
쇠사슬의 서걱임
교착의 열이 달아오르는
10호쯤의
유화 한 점

풍물시장,
집기, 골동품, 헌옷가지들을
다독여 싼 천막 위 비스듬이
우일풍경(雨日風景)

내가 바라는 것이
한 시인이었음을
깨닫는 동안
세 차례를 배회,
기름때 묻은
소품을 구하려다
낭패하게 하니
다시는 그 난장에
가지 않으리
다짐하게 했던
주인공은?

이제
가지거나
가까이 두고
쳐다보거나 않거나는
나의 나침반의 방향과는
다른 편에 있는
별개의 장(場)

단지 그림 한 장이
나 스스로 발 아프게 했거늘,
그 시인을 만나고 싶다.
따뜻한 차 한잔 나누고 싶다.
유리창 바깥의 격정을 가누며
부푸는 눈동자를 나는 알고 있다.

대타(大打)

미닫이 대문을
부서져라 밀치듯
한밤중 쏟아져 내리는 비
누운 채 눈을 뜬다, 아무도 없다, 어둠뿐
일어나 밖을 본다, 불 켜진 방 하나 없는 건물 위, 검은 구름

구름과 땅 사이에
투명 장식이 거침없이 드리워진다
지상의 불빛이 꺼졌으므로
비루함이 씻겨지므로

나는 푸르른 빛을 휘두르고
뱃머리에 서 있다. 내일의
존재의 바다 위에서 뒤척이는 밤

그대로 하여 나는 화려한
꿈을 짓고 있다

沙漠
사 막

버티컬이 일년 내 올려지지 않는 집이 있다.
게다가, 낮에도 형광등이 꺼지지 않는 그 집 있어
어제처럼 눈길을 끈다.

손가락 오므려 전등갓을 만든다.
경악하다가 빛 가리개를 내리고는
가리개가 있는지 없는지도 잊어 버린, 그 사람

이 불빛, 한창 예쁘게 익어 가는 산딸기로
보아 줄 날이 있을까, '앵두다!' 하며
정신 나간 것처럼 소리 좀 질러 보는 거, 안 되나.
'얏호!' 하기 전에.

사회공포증 환자
폐쇄공포증 환자
두개골함몰 환자
저이도 제노포비어
나는 이방인

기지개를 켜는지, 큰 하아트를 그리는 무언극인지
납득이 잘 안되는 몸짓을 하는 나의 앞에
세찬 빗방울, 창밖을 가리고 있다.

얼굴 차도르를 조절하여
오십 리 밖에서 일어나는 일도 안다는
사막의 베드윈 여인이 아니신지?
혹은 아시는지요?

가을 아침

세상의 리스트여 깨어나자.
그대 하나 깨어나면
아득한 길, 온 골짜기에 꽃보라 사무쳐 올라
하늘 가득 채우리.
그때 울어도 늦지 않으리.
아주 깨어나자, 그대, 자유여
궁극의 자유에 이를 때가지.

오늘도 내가 세운 목표라 하지만
욕심의 그물망에 쌓이고,
내 올가미에 내가 걸려들어,
하루를 후회하며 지내고 있네,
바다를 호흡하며 떨쳐 일어나자
후회는 바닷물에 버리자
그대로 大海의 아들
대해

돌아가자,
가을볕이 모멸처럼 따가울 때는
창 긴 모자 눌러 써 피하면 되나니
엄지손금이 닳아서 안 보일 만큼 살았지만,
뭐가 그리 이룰 것이 남았나?
오늘 지우자, 돌아가자.
가을 지나면 겨울이 오듯
이 아침에 내린 안개는
그대의 두 눈에 눈물 가리는 걸
나는 보고 있다.

광야(廣野)

'울란바토르 찬가'가 울려 퍼지는 곳으로 떠나자

끝없는 황야에서
말갈기 휘날려 달리면
망아지들도 신명껏 따라
바람의 갈기가 될 거다

구릉과 사막과
혈흔의 흔적 묻힌 폐허에서
무료에 지친 허무를 보리라

대지는 장구히 누웠으되
백야의 한 모서리에 웅크려 있던 해는 왜
곤궁한 몸을 추슬러 두 팔로 잿빛 모래를 짚고
다시 떠올라야 하는지를
물으리라

쾌락의 첨탑을 기어오르는 쾌락
욕망의 팽창일 뿐인 욕망
패권을 꿈꾸며 무기를 감추는 어거지
고통 없이 태어난 말의 화사함이 천국의 꽃안개를 분배하는
이 뒤틀린 깃발 아래에서 유령의 오페라를 보느니
나의 두 눈의 안저에 황갈색 바람이 물살처럼 달리게 하리

'무지게 뜨는 땅에서 손님이 오면
높이 대접하라' 일렀다는
'초원의 별'이 된 사나이,
수없는 절체 절명의 바윗틈에서 몸 비틀어 날아올랐던
그의 소년, 그의 심혼, 그의 물고기 눈을 만나면
그의 말발굽 소리가 무슨 뜻인지를
물으리라, 장락에 부푼 야욕은 아니었으리라
별, 초원을 덮는 풀빛의 별
푸르른 별을 보고 또 보리라

힘든 어느 날

잠을 설친 날 전철을 타고, 교각 위를 지날 때면
강물은 울렁울렁 넘치는 것 같고,
철로는 뱀이 풀밭 위로 달아나듯 요동친다
아, 그럴 때라도 전동차가 곤두박질 쳐도
나는 어쨌든지 탈출해 낼 것 같은 객기가 스친다

병원에 도착해서 회진을 돌 때에,
내가 수련의들 앞에서 비틀거릴까 걱정된다

내가 영영세세토록 살아 있을 수도 없으면서
술도 안 마신다
잠 못 이룰까봐, 커피도 안 마신다
폐질환 걸릴까봐 담배도 안 피운다

그렇게 살아서 뭐할래?
그런 삶이 삶이냐?
진료만 하고 살면 안 돼!, 일만 하는 건 무서운 워커홀릭이야!
주정뱅이와 일벌레가 무엇이 다른가?
비꼬임과 좋은 핀잔 들으며 살아왔다

인간은 저마다 소형폭탄을 품고 살아간다
나를 깨워 줄 한마디가 허드레 말 속에
지푸라기처럼 숨겨져 있다
(넌, 인생을 즐길 줄 알아라!)

아– 삶이 멀고 힘들다
일하면 모든 것을 이루는 줄 알고 살았다
그렇지 않은 것을 깨닫는 데, 칠순을 훌랑 넘겼다
그렇지만, 일로써 꼭 성공한다 보장 없지만
열심히 일하면 인생 망하지는 않는다는 진리도 터득했다

병원에서 일어난 단상(斷想)

아무 쓸모없는 돌이, 돌도 아닌 돌이
하필 그 속에 자리 잡고, 그 속에서 살고 있었나?
내 배꼽을 뚫고 들어가서 담낭을 떼어내 버리니
언제 그랬나 싶게 그 돌이 괴롭히던 통증이 사라졌네
환자 몸에 수술하는 거는, 그 수술 해야 해요! 하던 내가
내 몸에 칼 대는 걸 쭈뼜거리고 망설이던 나에게,
그 수술하세요! 하던
마누라 말을 들었던 게 잘 되었네
상상을 초월한 의술의 발전으로,
좋은 세상이 나에게 펼쳐지네

병원 공원 나무 끝 의자에 앉아서, 단상에 젖어 드네
일어서면 연못 속으로 걸어 들어갈 자리,
갓 핀 수련꽃을 바라다 보네
나를 애처롭게 바라다 보는 가족들의 눈빛
내가 무슨 말을 해야 하나 말의 돌밭 헤메고 있다
이제껏 가만히 드리워져 있던
수양버들 한 가지 축 늘어지는 한 순간
수면 위로 눕는다

다시 가을

깊은 마취에서 깨어난 후 통열한 오한을 아는가?
심장이 마구 펄럭이고 간엽(肝葉)이 갈잎처럼 나부낄 때의
떨려 오는 고뇌의 무게를 아는가?
시계 제로의 안개 속으로 쓰러져 가며
사라져 간 곳이 어디인지 아는가?
세상 어떤 말로도 달래 줄 수 없는
습지에서의 자책을 헤아릴 수 있는가?
포기와 생존 그 어느 쪽에도 기울어지지 않는
혼돈을 상상할 수 있는가?

다시 깨어난 다음에야
상실의 이면이 갈망이었음을 깨닫는 순간의
나아갈 길 없는 회한을 아는가?
극지에서 생환되기를 망각한 겨울 오후
눈 덮인 산야를 보았는가?
누구에게도 이해되지 않는 미친 짓이
한 꺼풀 허물 벗는 힘든 역정으로
뒤집어 읽을 수 있는 눈(眼)은 과연 누구인가?

토마토

밤 아침에는 살이 죄는 듯 차갑고
한낮에는 짓누르듯 무거운 날씨
큰 비는 왜 먼 바다에서 서성거리고만 있는가?

왜 소양강 처녀를 울게 하는가?
트럭 짐칸에서 낙석이 되는 토마토
굴러 내리는 동안 완숙되어 버리는
농부의 심정

어린 토마토의 풀빛 얼굴
후두두둑 빗방울 떨어질 때마다
그려지던 천연두 자국을
원상으로 회복시키던
콜라겐 엘라스틴에 놀아나서
여기 깊이 모를 강변에 섰을까?

황사를 마시며
꽃 화분을 심고
버팀대를 세우고
억세의 뿌리를 뉘이고, 이제
언제나 이른 떠나보냄, 그것도 서둘러
바삐 바삐 꼭지를 꺾어서
허망한 바구니에 쌓아야 하는 것일까?

저 맑은 살갗 아래 투명의 붉음,
저 고운 눈(雪)의 살(肉)을 물들이고 있는
아침의 저 빛깔은
탄성 물질의 진심(眞心) 아닌지 모르겠네

이미 폭우를 견디어 겪어 냈다고
부풀어 온 그 힘으로, 살찐 붉은 모습으로
나에게 오늘도 비타민을 제공하는
고마움을 잊을 수 없구나!

울타리

자식이 애비의 울타리인가

애비가 자식의 울타리인가

자식은 자기의 삶이 있고
애비는 애비의 삶이 있다고
자식이 울부짖네

누가 간섭했던가?
자식은 애비를 멀리하는 세상
애비가 자식을 가까이하려 하는 세상
자식은 똑똑한데 애비가 바보래서 세상을 모르고 사네

애비는 일만 하느라고 세월 가는 줄을 모르고 사네
세월이 흘렀는데도 애비는 옛날 생각만 하고 사네
자식은 옛말을 싫어하네
부자유친은 아주 박물관의 골동품이라네

자식은 컴퓨터 세상을 원하네
애비는 서투른 컴퓨터 세상보다 手記를 그리워하네
자식은 초고속 KTX 세상을 원하네
애비는 역마다 섰던 완행기차를 그리워하네

애비가 자식따라 달리려니 숨이 헐떡대네
자식이 뒤돌아보니
애비 울타리는 세상에서 보이질 않네

하나님께 기도

하나님 아버지시여
우리나라를 구해주십시오
호들갑을 떠는게 아니고
지금은 불안하기 그지 없습니다

북한에서는 하루 멀다하고
미사일을 계속 쏘아올리고 있습니다
평화통일을 하려고 그러는지?
안하려고 그러는지?
하나님은 아실 것 아닙니까?
하나님 아버지께서는
남북이 잘되는 길로 인도하여 주십시오

나라를 이끄는 사람들이 정신차려서
옳은 길로 가도록 이끌어 주십시오
사람의 하는 일, 아무도 예측못하는 일,
하나님께서 옳은 길로 인도하여 주십시오

타인에 대한 시기, 증오, 질투, 배반
내편 아니면 모두 적으로
몰아가는 사람들 없게하여주십시오
상대방을 어떻게 죽일까보다는
상대방과 어떻게 친구가 될까
생각하게 해주십시오

나는 살고 상대방을 죽이는 방법은
가르쳐주지 마시고
나도 잘되고 상대방도 잘되는
지혜를 가르쳐 주십시오
제발 !

남이해서 안되는 일 나는 해도
괜찮은 생각 지워주실분은
오로지 하나님 아버지 뿐입니다

이 나라가 평화롭게 되도록
도와주십시오
아멘 !

고독

너무도 외로우면
아무런 생각이 떠오르지 않는다

너무도 외로우면
누가 옆에 있어도 의식 하지 못한다

너무도 외로우면
꽃의 향기도 냄새를 못느낀다

너무도 외로우면
멍청해 질 수밖에 없다

아, 나는
내가 살고있는지
살아 있는지를 알지 못한다

스스로 저지른 일에
책임질 일은 고독이다

그림자

인　쇄　2019년 10월 10일
발　행　2019년 10월 20일
저　자　정영조

발행인　김인수
발행처　(주)아이엠이즈컴퍼니
서울특별시 용산구 원효로 1가 12-15 중앙빌딩
Tel. 02-717-5511　Fax. 02-717-5515
기　획　김해자
디자인　김혜수
등록번호　2016년 7월 5일 제 2007-000034호

ISBN 978-89-94958-48-4
정가 10,000원